すみっコぐらし™の しあわせことば

監修　サンエックス
武山廣道（臨済宗　白林寺住職）

はじめに

忙しく過ごしていると、ちょっとしたことでイライラしたり、モヤモヤしたり、気づかないうちに心が疲れてきます。そうなると毎日を楽しむ余裕がなくなって、しあわせを感じることができません。

そんな時どうしたらいいかを教えてくれるのが禅語です。「漢字ばかりで難しそう」と感じるかもしれませんが、「挨拶」や「元気」も禅語で、書かれているのは日常の過ごし方です。

短い言葉の中に深い意味が込められていますが、ゆっくりお茶や食事を味わいましょうなど、簡単に取り組めるものがたくさんあります。

この本では、禅の教えを日常的な言葉を使ってやさしく紹介しています。かわいいすみっコたちと一緒に読めば、じんわり心に響いてくるでしょう。

この本で、あなたが今日もしあわせに過ごせますように。

すみっコリすと

すみっコといっしょに禅語を学ぼう！

しろくま

北からにげてきたさむがりで
ひとみしりのくま。
あったかいお茶をすみっこで
のんでいる時がいちばんおちつく。

とんかつ

とんかつのはじっこ。
おにく1%、しぼう99%。
あぶらっぽいからのこされちゃった…

ねこ

はずかしがりやで気が弱く
よくすみっこをゆずってしまう。
体型を気にしている。

ふろしき

しろくまのにもつ。
すみっこのばしょとりや
さむいときに使われる。

ぺんぎん？

自分はぺんぎん？ 自信がない。
昔はあたまにおさらが
あったような…

えびふらいのしっぽ

かたいから食べ残された。
とんかつとは
こころつうじる友。

とかげ

じつは、きょうりゅうの生き残り。
つかまっちゃうのでとかげのふり。
みんなにはひみつ。

ざっそう

いつかあこがれのお花屋さんで
ブーケにしてもらう！
という夢を持つポジティブな草。

ブラック たぴおか

ふつうのたぴおかより
もっとひねくれている。

たぴおか

ミルクティーだけ
先にのまれて吸いにくいから
残されてしまった。
ひねくれもの。

とかげ（本物）

とかげのともだち。
森でくらしている本物のとかげ。
細かいことは気にしない
のんきな性格。

ほこり

すみっこによくたまる
のうてんきなやつら。

にせつむり

じつはからをかぶった
なめくじ。
うそついてすみません…

ぺんぎん（本物）

しろくまが北にいたころに
出会ったともだち。
とおい南からやってきて
世界中を旅している。

すずめ

ただのすずめ。
とんかつを気に入って
ついばみにくる。

やま

ふじさんにあこがれている
ちいさいやま。温泉に現れては
ふじさんになりすましている。

おばけ

屋根裏のすみっこにすんでいる。
こわがられたくないので
ひっそりとしている。
おそうじ好き。

もくじ

1章

ほっとする言葉

喫茶去

きっさこ

一杯のお茶で
心がほんわか和みます。
湯気《ゆげ》の向こう側の
人との距離《きょり》も
グッと近づきます。

◎……「まあ、お茶でも一杯」という意味で、立派なお坊さんが、訪ねてきた修行僧にかけたひと言。上下の関係にかかわらず、相手に真心で接する大切さが伝わってきます。

愛語《あいご》

心の込もった言葉は
相手をしあわせにします。
伝えることが、大事。

◎……気持ちを込めた言葉をまっすぐ伝えることで、相手との距離が縮まります。自分が言われてうれしい言葉は、声に出してみましょう。ほんのちょっとの勇気で大丈夫です。

自灯明

じとうみょう

この先にあるのは、
あなたの未来。
心に明かりを灯していれば
進むべき道は見えるはず。
ゆっくり、一歩ずつ、
進みましょう。

◎他人に頼らず、自分の意思で行動すること。自らを灯しなさい、という教え。心のおもむくままに進む先には、あなただけの未来が、きっと待っています。

把手共行

はしゅきょうこう

一人ではできないことも、
一緒ならできる。
友達というものは、
かけがえのない存在です。

◎文字のごとく、共に手を取り合って行うこと。人は励まし合い、時にぶつかりながら、お互いに成長していきます。そんな仲間との出会いを大事にしましょう。

家和万事成

いえわしてばんじなる

ほっとできる場所がありますか？
ついつい日常に流されてしまう時も、
心のよりどころがあれば、
いつでも自分自身に戻れます。

◎……美しい花も、根っこがしっかりしていなければ咲くことができません。安定して落ち着くことのできる家があるからこそ、大きなことを成し遂げることができるのです。

百尺竿頭進一歩

ひゃくしゃくかんとうにいっぽをすすむ

ゴールは終わりではなく、次へのはじまりです。新しい一歩が、肝心《かんじん》です。

◎……長い修行で至った悟りの境地に安住することなく、さらに一歩進みましょうという教え。生きているうちは常に修行中です。目的を達成したことに満足してはいけません。

和敬清寂

わけいせいじゃく

互いを敬う心があれば、一杯のお茶に込められたさまざまな想いを知ることができます。

◎茶道の心得として掲げられることが多く、この四つの文字にお茶の心が込められています。もてなす人も招かれた人も、相手を敬う気持ちを持つことが大切です。

南山打鼓北山舞《なんざんにつづみをうてば　ほくざんにまう》

離れていても、心が通じ合うのは、
信頼しているから。
信頼を築くために必要なのは、
お互いを認め合うことです。

◎……南の山で鼓を打てば、北の山で踊りを舞う。まさに、阿吽（あうん）の呼吸。心が通じ合っていれば、距離は関係ない、という意味です。心が通じ合う人が、今は近くにいなくても、きっとどこかにいるはずです。

三衣一鉢

さんねいっぱつ

無《む》駄《だ》なものは、いらない。
大切なものは、
ひとつあれば十分。

◎お坊さんの持ち物のことで、少しの衣服と食器がひとつあれば事足りるという意味。無駄なもの、必要のないものは、手放しましょう。そうすると、本当に大切なものが見えてきます。

花枝自短長

かしおのずからたんちょう

自分の個性を認めましょう。
それが、あなたの魅力《みりょく》です。
そして、ありのままの姿を
美しいと思える心を育てましょう。

◎

桜並木は、遠くからは同じように美しく見えても、それぞれの木の大きさや枝ぶりは違います。私たちも、それぞれ個性という輝きを持っています。他の人の輝きをうらやましいと思う前に、自分の個性をピカピカに磨きましょう。

大道透長安《だいどうちょうあんにとおる》

急いでも、
ゆっくりでも、
まっすぐ進んでも、
くねくね歩いても、
目指すところは
同じ場所。

「すべての道は長安に通じている」という意味で、ここで言う「長安」とは、悟りの世界を指します。目標を達成するには、日常の一つひとつを丁寧（ていねい）に行うことが大切です。

逢花打花

はなにあえば　はなをたす

美しい花を、美しいと感じる
時間はありますか？
一つひとつの出会いを
大切に、丁寧《ていない》に受け止めると、
毎日が豊かになります。

花を見かけたら、花に向き合う。つまり、物事にしっかりと向き合うことが大切だという教えです。忙しくても、見たものや感じたことを受け止める時間を持ちましょう。一瞬一瞬の出会いを、大切に。

壺中日月長

こちゅうじつげつながし

時間の使い方は、
自分次第。
心にゆとりがあれば、
時間を大切に
使えます。

◎……壺（つぼ）の中で気ままに十日ほど過ごしたと思っていたら、外の世界では十数年が経っていた、という物語から生まれた禅語。時間を意識して、楽しく過ごせるよう心がけましょう。

惺惺着

せいせいじゃく

「目を覚まして」と
自分の心に声をかけましょう。
本来の自分が目覚めていれば、
何が起きても安心です。

◎……「自分の本性が目覚めているか」と問いかけている様子を表した言葉。人が生まれ持った本質は、世間に流されて見失いがち。本来の自分に向き合う時間を持ちましょう。

2章

ラクになる言葉

春来草自生《はるきたらば　くさおのずからしょうず》

春は必ず訪れます。
それまでは、
自分を磨く時間です。

◎

春になれば花が咲き、草木は芽吹きます。人も同じで、春はきっと来ます。でも、そのタイミングは人それぞれ。しかるべき時が来るまで、今できることと向き合いましょう。

山是山水是水

やまはこれやま
みずはこれみず

そのままの、あなたが好き。

山は水を与え、水は山を潤す。それぞれ役割があり、お互いを支え合う存在ということ。自分が他人になることはなく、「私は、私」。自分自身の良さを、認めてあげましょう。

本来面目

ほんらいのめんもく

努力すること、
探し出すこと、
思い直すこと。
その先にあるのは、
本当の自分。

生まれながらにして持つ、自分自身のことを表します。人は成長とともに、こだわりや執着を持つようになり、本来の自分を見失いがちです。すべてを手放し、本来の自分に出会うことは一生の宿題です。

歩歩是道場《ほぼこれどうじょう》

今、ここにいることは、
偶然ではなく、必然。
心を落ち着かせれば、
どんな場所でもがんばれる。

◎……自分の心が揺らがなければ、どんな環境でも、修行の場（道場）になるという意味。どんな場面でも、「どうして？」ではなく、自分にとっての必要性を見出して受け止める、大きな心を持ちましょう。

悟無好悪

さとればこうおなし

見た目だけで、
好き・嫌いを決めていませんか。
必要なものは、
自分で確かめましょう。

◎あるがままを受け入れることができれば、好きとか、嫌いという価値観はなくなる、という教えです。他人の評価や、自分を良く見せたいという思いに縛られていませんか？

孤雲本無心《こうんもとむしん》

まわりなんて、気にしない。
心のおもむくままに。

雲のように、自由に形を変えて、気ままに流れる様子を例えた禅語です。他人の評価や、こう思われたいという願望にとらわれることなく、自分らしく過ごしてみましょう。

両忘《りょうぼう》

どっちなんだろう？
どちらでも、いいんです。

◎白黒はっきりさせる考えを忘れると、心がおだやかになるという教えです。固定観念や偏見などの先入観を捨てて、素直に受け止めましょう。

脚下照顧《きゃっかしょうこ》

空を見上げると、
自由に飛ぶ鳥や
ふわふわ浮かぶ雲や
光り輝く星が
うらやましく思えます。

そんな時は、
足元に目を向けて。
小石につまずいて
転ばないようにしましょう。

◎……………「足元を見よ」という意味ですが、「足元」とは自身の行いや考え方のことを指します。他人のことはよくわかりますが、自分自身はどうですか？　立ち止まり、見つめ直す機会を持ちましょう。

本来無一物《ほんらいむいちもつ》

何も、
持たない。
何も、
こだわらない。
何も、
迷わない。

心をからっぽにして、
もう一度、
はじめよう。

◎……人は何も持たずに生まれ、すべてを手放して死んでいきます。執着や欲望に苦しむことがあっても、本来は何もなかったと思えば、心がラクになります。

魚行水濁

うおゆけば　みずにごる

気づかないところで、相手を傷つけることだってある。行動は慎重に。

◎……澄んでいた川も、魚が泳げば底の砂が舞って、あっという間に濁ります。私たちも知らずして、迷惑な振る舞いをしているかもしれません。一つひとつの行動に責任を持ちましょう。

行雲流水《こううんりゅうすい》

流れるまま、吹かれるまま、
自然に身をまかせる。
私らしく、いるために。

◎……空に浮かぶ雲も、流れる川の水も、ひとつのところに執着せず、自然に身をまかせて自由に行動します。私たちも、自由にありたいものです。

水急不流月

みずきゅうにして
つきをながさず

昨日まで良かったことが、
今日はダメになったり。
明日はどうなるのだろう？　と
不安になったり…。
他人に振り回される
一喜一憂《いっきいちゆう》の日常は、

とても疲れます。
そんな中でも変わらないのは、
自分自身です。
あなたの考えや、気持ちは、
誰にも惑《まど》わせることはできません。
だからこそ、勇気を持って、
自ら動いてみましょう。

◎ 岩や大木が流されるほどの激流でも、水面に浮かぶ月を流すことはできません。月のようにまわりに流されず、大切なものを見失うことなく、過ごしましょう。

一行三昧《いちぎょうざんまい》

音楽を聴きながら本を読む。
本当にしたいのはどっち？
夢中になれるのはひとつだけ。
欲張ってはいけません。

◎……あらゆる雑念を取り払い、ひとつのことに集中して取り組むこと。二つのことを同時に行うと、どちらも中途半端になってしまいます。一つひとつを丁寧に行いましょう。

放下着

ほうげじゃく

すべてを、
捨ててしまいましょう。

「放下」は捨てること、「着」は命令。いつまでも抱えていないで、すべて捨てなさいという教えです。
こだわりや執着、プライド、悩みや迷いなどの一切を手放すことで、すっきりとした自分になれます。

3章

しなやかに生きる言葉

達磨安心

だるまあんじん

見えない不安は
どこにあるのでしょうか。
不安の正体は
思い過ごしだったりします。

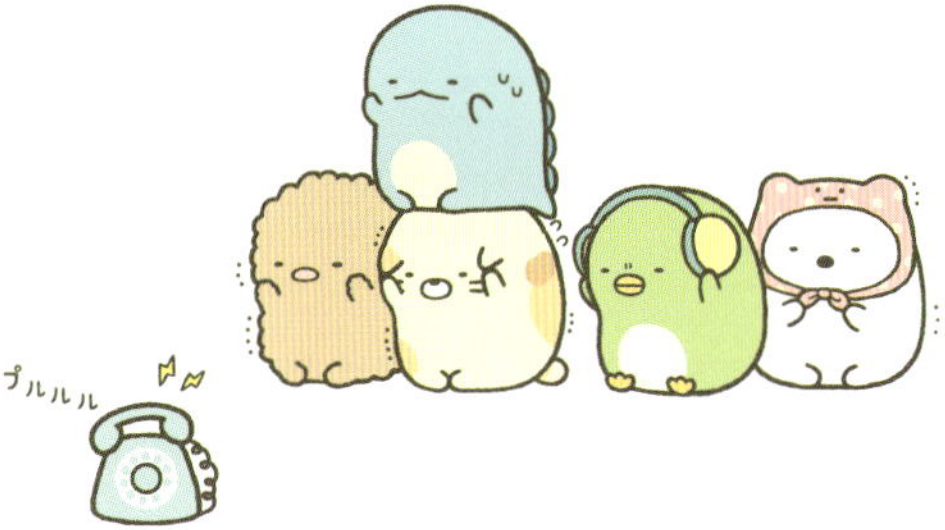

◎……不安をなくす方法を尋ねた弟子に、達磨大師（ダルマさんのモデルになったお坊さん）が答えました。「では、その心を持ってきなさい」と。形のないものは、取り除くことができないのです。

明珠《みょうじゅ》在掌《たなごころにあり》

探しに行くことばかり、
考えていませんか。
大切なものは、
ここにあるのに。

◎……「明珠」とは、自分にとって、とても価値のあるものを指します。素晴らしい宝物は、自分の中にあります。それに気づくことが大切です。

天上天下唯我独尊

てんじょうてんげ　ゆいがどくそん

私は、
誰にも縛《しば》られません。
あなたを、
私は支配できません。

自由にできるのは、自分だけ。

自分という存在は、他の誰にも代わることができない尊いもの。また、誰もがそれぞれに尊い存在であるという教えです。

洗心《せんしん》

心が曇《くも》ってないですか？
苦しくなる前に、
すっきり
洗い流しましょう。

その名のとおり、心を洗うという意味です。
手足の目に見える汚れは気づきやすいですが、心の汚れは自分にしかわかりません。
常に点検をして、落ちにくくなる前にきれいにしておきましょう。

誰家無明月清風《たがいえにか　めいげつせいふうなからん》

誰でも、生まれながらに
美しい心を持っています。
それに気づいていないだけ。
心の窓を開けば、
本来の自分に目覚めるでしょう。

◎……誰の家にも月の光が射し、清らかな風が吹く。どんな人にも平等に、仏心は宿っています。「なんで私だけ…」と悲観しないでください。気づいていないだけですから。

忍辱 にんにく

悔《くや》しいのは、
諦《あきら》めていないから。
辛いのは、
まだがんばれるから。
自分の居場所は、
自分でしか見つけられません。

◎「忍辱」とは、六波羅蜜（ろくはらみつ）という悟りの世界に到る六つの修行のひとつ。どんな屈辱や苦しみにも耐えて、心を動かされることがなければ、どんな状況においても自分らしくいられるという教えです。

万法帰一

ばんぽうはいつにきす

しあわせや悲しみは、
永遠に続くことはありません。
代わる代わる、
やってくるだけ。

◎……善悪や可否・正邪などあらゆるものは、同じ場所「一」に存在するという言葉。何ごとも理屈抜きに、広い心でとらえよう、という教えです。

一日不作　一日不食

いちにちなさざれば　いちにちくらわず

自分ができることをする。
それが人生の糧《かて》になる。

◎……「働かざる者食うべからず」という意味ではありません。勉強や仕事など、人それぞれにやるべきことがあります。自分にできることを見つけて行いましょう。

拈華微笑

ねんげみしょう

演じない。飾らない。
そのままでいられる人ほど
大切な存在。

◎……………お釈迦様が大衆を前に、蓮（はす）の花を指し示したところ、一人の弟子だけが真意を知り、ほほえみで返したという故事。言葉はなくても、心は通じ合うのです。

稽古照今

いにしえをかんがえて
いまにてらす

稽古《けいこ》とは、今を良く生きるための修行です。

過去の出来事から学び、今の生活に活かすことが大切、という教えです。茶道、華道などの「お稽古」は、ここから来ています。過去の教えや教訓を、今の自分を良くするために学びましょう。

無事是貴人

ぶじこれきにん

もっと、もっと…。
求めはじめると、
終わりがありません。
無理をせず
自然体のままで。

禅語で言う「無事」は、何も求めないという意味です。外へと向かう心を捨てれば、本来の自分でいることができ、心の平穏を取り戻せます。

閑古錐《かんこすい》

若さがうらやましい
と思うのは、
過去の自分に
執着しているから？

今のほうが
知識や経験もあるし、
多くのことを知っています。
年をとった
あなたの魅力《みりょく》に
気づいてください。

◎

使い続けて先端が丸くなった錐（きり）は、道具としては使えませんが、刃先の丸みやなじんだ持ち手は、新品にはない魅力があります。年を重ねた物にも人にも価値はあるのです。

4章

やる気になる言葉

大機大用

だいきだいゆう

チャンスは
誰にでも巡《めぐ》ってくるけれど、
怠《なま》けていると見逃します。
チャンスをつかめる人に
なろう。

◎……「大機」はチャンス、「大用」はチャンスを利用して行動すること。チャンスは誰にでもやってきます。そのチャンスを見逃さず、生かしましょう。

単刀直入

たんとうちょくにゅう

本当に伝えたいことは、ひとつだけ。

◎いきなり本題に入る、という意味。相手を傷つけてしまうのでは？　という不安もありますが、相手に対する思いやりがあるからこそ、本音で伝えてあげたいですね。

滅却心頭火自涼

しんとうをめっきゃくすれば
ひもおのずからすずし

大きな試練には、
苦しみが伴います。
苦しみを、
受け止めることができれば、
試練はチャンスに転じます。

◎

どんな熱い火でも、心の持ち方ひとつで、涼しい顔をしていられるという意味。苦しいことがあっても、逃げずに立ち向かいましょう。

冷暖自知

れいだんじち

見てわかるものは、ほんの一部。
耳、手、口、目、鼻、五感で得る体験に勝るものはありません。

◎……水が温かいか、冷たいかは、飲んでみればすぐにわかります。物事は教えられるより、経験したほうがよくわかるという意味です。

白珪尚可磨

はっけいなおみがくべし

まだ、できることがある。
ゴールは自分で決めない。

◎……「白珪」とは白く清らかな玉。美しく完璧な玉でも、さらに磨きをかけるべきであるという言葉です。向上心を持って、物事に向かう姿勢が大切です。

雲収山岳青

くもおさまりて
さんがくあおし

あなたの顔が曇《くも》ったら、
心を覆《おお》っている雲を払いましょう。
晴れやかな笑顔の
あなたを取り戻せます。

◎……白い雲が過ぎ去り、青々とした山が見えてくる。人のあるべき姿を、「山」に例えた教えです。
迷いや欲は捨てて、本来の自分を見失わないように。

すみっ湖
z z
z z

日々是好日

にちにちこれこうにち

笑っても
涙しても、
今日という日は、
かけがえのない日。

◎……優劣や損得などの感情にとらわれず、一日一日をありのままに生きることが大切です。そうすれば、毎日、良い日を迎えることができます。

八風吹不動

はっぷうふけども
どうぜず

大きな風が吹いても、
流されない。
強い気持ちで
前に進もう。

◎……「八風」とは、利益・名誉・称賛・楽・衰退・不名誉・中傷・苦。じゃまをするものがあっても、強い信念があれば、くじけることなくまっすぐに進めます。

寒松一色《かんしょういっしき》千年別《せんねんべつなり》

風が強い日には、
大地を踏みしめて、
雪が降る日は、
雪の重みに耐える。
辛い顔を見せずに乗り越える。

まっすぐに生きるとは、こういうこと。

寒い冬も松は緑色で千年経っても変わらず生き続けています。人生には辛いこともたくさんありますが、松のように、まっすぐに生きたいものです。

李花白桃花紅

りかはしろく　とうかはくれないなり

足りないものを探すより、
余るほどの魅力《みりょく》に
気づきましょう。

あなたは、そのままがいい。

◎

李（すもも）の花は白く、桃の花は紅色。そのままが美しいのだから、自分の色を変えなくてもいい、という意味です。偽りのない自然のままでいましょう。

晴耕雨読《せいこううどく》

うまくいかない日は、
無理せずできることを
やってみましょう。
そこから元気をもらったら、
明日は、きっとうまくいく。

◎……晴れた日は外で畑を耕し、雨の日は家の中で読書をしましょう。無理をせず、自然のままに過ごせば、心おだやかに暮らすことができます。

5章

心が自由になる言葉

莫妄想

まくもうぞう

あの人より、しあわせ？
あの人より、輝いている？
すべて妄想《もうそう》の仕業《しわざ》。
余計なことは忘れましょう。

◎……妄想などせずに、今やるべきことを進めようという教えです。ここで言う「妄想」とは、後悔や固執、思い込みなど。不安を引き起こす雑念は手放して、シンプルに生きましょう。

円相

えんそう

すべては、
まあるく
おさまっている。

◎……円相とは、図形の丸を一筆で描いたもの。途切れることがない円は、自然や生物から宇宙に至るまで、この世における真理と禅の心を表しています。

啐啄同時

そったくどうじ

私が合わせるのでもなく、
あなたが私に合わせるのでもない。
ピタッとくる、その時を待ちましょう。

◎……「啐」とは、今まさに産まれようと雛（ひな）が卵の中から殻を破ろうとすること。「啄」は、親鳥が外からくちばしで殻をつつくこと。相手の行いに対して、絶妙なタイミングでサポートすることを表す言葉です。

好事不如無《こうじもなきにしかず》

良いこと。悪いこと。
この価値判断だけに
振り回されるのは、
もったいない。

◎「良いことも、ないほうがましだ」という言葉。人は、良いことがあると執着してしまい、それ以上のことを求めてしまいます。良い悪いを考えず、執着を手放しましょう。

無功徳

むくどく

いいことをする時、
褒《ほ》めてもらおうと
思っていませんか？
本当にいいことは
損得抜きで行おう。

◎「私の行いにどんな功徳がありますか？」と尋ねた中国の武帝に対して、達磨大師（だるまだいし）が答えた言葉。功徳を得ることを目的に動くと、見返りを期待してしまいます。何も求めず、清らかな心で行動しましょう。

隻手音声《せきしゅおんじょう》

常識は、人によって違います。
自分の常識を捨てて
広い視野で世界を見ることができれば、
自由に生きることができます。

◎「隻手」とは片手のこと。拍手するように両手を打てば音が鳴りますが、片手では鳴りません。世の中には、常識が通じないことがたくさんあります。理屈や言葉という枠を超えて、物事に向き合いましょう。

挨拶

あいさつ

挨拶《あいさつ》をしましょう。

返ってくる声の調子で、
相手の心が理解できます。

◎「挨」は迫ること、「拶」は切り込むという意味で、修行者の悟りを試す禅問答の様子を表しています。日常で使う言葉とは意味が違いますが、心が伝わる挨拶をしましょう。

如実知見

にょじつちけん

「あと一個しかない」も、「まだ一個ある」も同じ。

事実をありのままに見ましょう。

事実をあるがままに見て、真実を正しく見極めましょう、という意味です。自分の感情や思考で物事を判断せずに、俯瞰（ふかん）で見るようにしましょう。

以心伝心

いしんでんしん

言葉はなくても、
心でつながるほうが
何倍も深い。

◎……互いの心から心に届ける、言葉では言い表せない真理のことです。そのためには、常に相手の気持ちに寄り添いましょう。

6章

しあわせになる言葉

桃李不言
下自成蹊

とうりものいわざれども
したおのずからけいをなす

あなたの魅《み》力《りょく》に気づく人が、
自然と集まってきます。

◎桃や李（すもも）は、何も言わないが、美しい花や香りの良い果実を求めて人が集まり、木の下に道ができていく、という故事。徳のある人には、自然と人が集まってきます。

一花開天下春

いっかひらきて てんかのはる

あなたの笑顔が、まわりを明るく照らします。

◎……一輪の花が開いて、天下が春になる。一人ひとりが一輪の花のように、自分らしく輝いて生きることで、世の中が救われるという教えです。

百花為誰開

ひゃっかたがためにひらく

報《むく》われないと悩んだ時は、
野《の》に咲く花を思い出しましょう。
誰のためでもない、
ありのままに生きることの
大切さに気づくでしょう。

◎

花は誰のために咲くのか？　という問いかけです。

花は季節や天候などの自然条件に合わせて、咲きたい時に咲くだけ。誰かにきれいと言われるために、咲くのではありません。

柳緑花紅

やなぎはみどりはなはくれない

ありのままの自然の姿を
美しいと感じるには、
素直な心が必要です。

◎……柳は緑色、花は紅色。何も手を加えていない、ありのままの美しさを感じることが大切です。いつも当たり前のように咲く花の姿こそが、悟りの境地であると教えてくれる言葉です。

元気

げんき

あなたが
イキイキとしているだけで、
まわりの人も
元気になります。

◎……人や動物、自然など、この世のすべての物には気が宿り、イキイキとした気を「元気」と言います。元気は自分自身だけでなく、そのまわりにいる人にも伝わります。

大象不遊兎径

だいぞうはとけいにあそばず

小さなことは、気にしない。
大きな心を持てば、
細かなことで
くよくよしなくなります。

大きなゾウは、ウサギが通るような小道には行かないという意味。細かなことは気にせず、広い視野で物事を見ましょう。

時時勤払拭

じじにつとめてふっしきせよ

心の汚れに気づいたら
サッと拭《ふ》き取りましょう。
気づいたらすぐにするのが、
きれいを保つコツ。

◎心を曇らすホコリは、気づいたらすぐに、払ったり拭いたりしましょう。
「いつか」ではなく、「今」することが大切です。

安閑日如年

あんかんのひとしのごとし

忙しければ、
ひと息いれましょう。
心に余裕《よゆう》ができると、
時間を上手に使うアイデアも
ひらめきます。

日常の慌ただしさや、時間にとらわれることなく、平穏に過ごしましょう。心にも余裕ができ、日々に感謝する気持ちが生まれます。

与天下人作陰涼《てんかのひとのためにいんりょうとならん》

あなたがここにいると
うれしい。
笑っているだけで楽しい。

一緒にいるだけで
しあわせ。

◎……「陰涼」とは、木陰のこと。照りつける太陽を遮る大きな木は、涼しくてほっとします。人々に対して、安らぎを与えるような存在になりましょうという教えです。

赤心片片《せきしんへんぺん》

理屈っぽくなってきたら、
心のノートを
まっさらにしましょう。

「赤心」とは赤ちゃんのような純粋な心、「片片」とはすべてのこと。すべての物事に真心を持って接しましょう。悩んでいたことも、解決の糸口が見つかるかもしれません。

夢

ゆめ

人生は
はかない夢のよう。
夢なんだから、
なんでもできる。

◎沢庵和尚（たくあんおしょう）が死に際に残した言葉。この世のすべては、実体のない夢のようなもので、地位や名誉、執着も死んでしまったら消えてしまいます。何にもとらわれない、夢を見ましょう。

平常心是道

びょうじょうしんこれどう

毎日が本番。
そう心がけていれば、
失敗も減ります。

◎……いざという時だけ、がんばればいいというものではありません。常日頃から気を引きしめ、心を落ち着かせて物事に向き合いましょう。

知足《ちそく》

しあわせをひとつ見つけたら、
ギュッと抱きしめましょう。
それだけで十分。

◎……十分に満ち足りていることを知りましょう。それ以上は望まず、求めないという教えです。自分にとって本当に必要なものだけを、身に付けましょう。

主人公

しゅじんこう

私は、私らしく
生きていますか？
心に、問いかけましょう。

人生は、
私だけに贈られた、物語です。

◎ある偉いお坊さんは毎日、自分自身に「主人公であるか」と問いかけたそうです。
主人公とは、常に物語の中心となる人。つまり自分の心、真理なのです。

監修　サンエックス・武山廣道（臨済宗 白林寺住職）
デザイン　キムラナオミ（2P Collaboration）
文　稲垣あや

編集人　安永敏史（リベラル社）
編集　中村彩（リベラル社）
装丁・DTP　尾本卓弥（リベラル社）
営業　持丸孝（リベラル社）
広報マネジメント　伊藤光恵（リベラル社）
制作・営業コーディネーター　仲野進（リベラル社）

編集部　木田秀和・濱口桃花
営業部　川浪光治・津村卓・澤順二・津田滋春・廣田修・青木ちはる・竹本健志

※本書は2017年に小社より発刊した『すみっコぐらしの毎日がしあわせになる禅語』を文庫化したものです

すみっコぐらしのしあわせことば

2025年4月24日　初版発行

監修　サンエックス
発行者　隅田 直樹
発行所　株式会社 リベラル社
〒460-0008 名古屋市中区栄3-7-9 新鏡栄ビル8F
TEL 052-261-9101　FAX 052-261-9134　http://liberalsya.com
発売　株式会社 星雲社（共同出版社・流通責任出版社）
〒112-0005 東京都文京区水道1-3-30　TEL 03-3868-3275
印刷・製本所　株式会社シナノパブリッシングプレス

ISBN 978-4-434-35580-6　C0176